Norbert Golluch

Schlemmer-Horoskop

Der heißhungrige

Skorpion

Illustriert von Birgit Tanck

Eichborn.

Die Deutsche Bibliothek - CIP-Einheitsaufnahme

Golluch, Norbert

Das Schlemmer-Horoskop / Norbert Golluch. Ill. von Birgit Tanck.

Frankfurt am Main : Eichborn

Der heißhungrige Skorpion - August 1996

ISBN 3-8218-3439-0

Frankfurt am Main, August 1996

Umschlaggestaltung: Heike Unger unter Verwendung

von Zeichnungen von Birgit Tanck

Layout: Norbert Golluch

Druck und Bindung: Graphicom, Vicenza

ISBN 3-8218-3439-0

Verlagsverzeichnis schickt gern:

Eichborn Verlag, Kaiserstr. 66, 60329 Frankfurt am Main

Charakter & Küche

Wie Skorpione genießen

Skorpion-Menschen gelten als willensstarke und leidenschaftliche Personen. Zwar können sie auch uneigennützige und aufopfernde Mitmenschen sein, doch dominiert in der Regel ihre Individualität. Ihre ausgeprägte Persönlichkeit bricht sich häufig auch in bezug auf das Essen und ihre Ernährung unaufhaltsam Bahn.
Für viele durchschnittliche und ungeschulte Skorpione allerdings sind die Belange der Küche und der damit verbundenen Lebensbereiche eher nebensächlich. Skorpione essen, weil sie müssen - oder auch nicht. Extreme regieren, denn Skorpione gehen häufig rücksichtslos mit sich und ihrem Körper um. Phasen langen Verzichts folgen wilde, aber wenig genußreiche Gelage, die das Defizit ausgleichen sollen. Der rauhe Einfluß des Sternbilds Skorpion muß also zunächst gebrochen, der Geschmack verfeinert werden, bevor ein Mensch

des Zeichens Skorpion echte Freude am Essen erlebt. Dies gelingt besonders dann, wenn den Speisen und Rezepturen Wirkungen nachgesagt werden: Ein Gesundheitsmenü oder ein Liebesmahl weckt das Interesse des Skorpions.
Auch lieben es Menschen dieses Sternzeichens, in mystische Zusammenhänge, geheime Rezepturen und Rituale eingeweiht zu werden oder zu einer kleinen Gruppe von Auserwählten zu gehören. Vermutlich liegt hier die Motivation für zahlreiche Spitzenköche dieses Sternzeichens, die sich mit betont individuellen Kreationen zu wahren Geschmacksgipfeln aufschwingen. Doch bis dorthin ist es ein weiter Weg, gepflastert mit kulinarischen Untaten und Unaufmerksamkeiten....

Welcher Genießertyp ist Ihr Mitmensch?

Sie kennen, lieber Skorpion-Mensch, vielleicht sich selbst und Ihre lukullischen Wünsche. Aber es ist durchaus nicht ohne Belang, etwas über sein Gegenüber am Tisch zu wissen. Denn es macht einen gewaltigen Unterschied, ob Sie einen bodenständigen Steinbock oder eine feinsinnige Waage zum Essen einladen. Hier erfahren Sie die wichtigsten Charaktereigenschaften Ihrer Tischgefährten, so daß Sie sich ein wenig in der Wahl des Lokals und der Speisen auf Ihre Mitmenschen einstellen können.

Im Zeichen Widder Geborene

Widder sind von Natur aus schnelle, spontane, begeisterungsfähige, aber wegen ihres atemberaubenden Tempos manchmal auch etwas oberflächliche Menschen. Wegen ihrer Unternehmungslust gehen sie gern und häufig zum Essen aus und lieben es, im privaten Kreise zum Essen eingeladen zu werden. Auf einen echten Genuß müssen sie häufig erst eingestimmt werden, sonst rauscht dieser unbemerkt an ihnen vorbei. Als Liebhaber starker Reize tendieren sie ungeschult beim Essen häufig zu überwürzten und verwürzten Speisen und leeren ihren Teller in erstaunlicher Geschwindigkeit. Ihre Tischgefährten beenden eben die Vorspeise, wenn der Widder den Nachtisch bestellt. Widder jedoch, die als Feinschmecker echte Anleitung erhalten, können bei einer gut gedeckten Tafel und einem erlesenen Essen Ruhe und Entspannung finden.

In der Wahl ihrer Lokale sollten Widder mehr Kritikfähigkeit zeigen: Oft übersehen sie in ihrer Begeisterung oder im Streß wichtige Details und bringen sich so um das Eßvergnügen. Allerdings sollten Widder darauf achten, nicht als Feinschmekker in denselben Leistungsstreß zu verfallen, dem sie sonst obliegen. Sternchen sammeln und Lokale durchhecheln - das bringt nichts ein. Weil Widder gern gesellig essen, kann das Essen bei angeregtem Gespräch und eifrigen Kontaktversuch in den Hintergrund geraten. Hier gilt es, aufmerksam zu machen und das Interesse des Widders für kulinarische Genüsse zu wecken oder wachzuhalten. **Skorpion und Widder** sind sind leidlich gute Tischgenossen, doch entstehen keine Schwingungen, die das Ganze größer als die Summe der Teile erscheinen lassen. Wenn allerdings ein erfahrener Skorpion den Widder an die höheren Weihen der Tafel heranführt, entsteht ein tragfähiges Lehrer-Schüler-Verhältnis - bis der freiheitsliebende Widder sich reif für eigene Erkenntnisse und selbständige Meinungen fühlt.

Im Zeichen Stier Geborene

Menschen des Sternzeichens Stier sind offene, ehrliche und unbekümmerte Zeitgenossen. Sie denken geradeheraus, stehen zu ihren Freunden und zeichnen sich in der Partnerschaft durch Treue und große Ausdauer aus. Der unkomplizierte und »naturbelassene« Stier tendiert beim Genuß zur Quantität: starke Reize in großer Menge sind sein Credo. Erst mit der Zeit lernt er, meist von der Herde abgesondert, feinere Nuancen zwischen salzig und bitter, süß und scharf zu schmecken. Lange Zeit behindert den durchschnittlichen Stier die angeborene Angst, zu kurz zu kommen. Auch nur ein wenig kleinere Portionen in einem edlen Lokal erwecken in ihm das untergründige Gefühl, betrogen zu werden. Erst nach und nach gewinnt er Zugang und Vertrauen in die Welt des feinen Geschmacks, über den er durchaus verfügt.

Alltägliche Stiere und auch Stier-Feinschmecker lieben beim Essen die Ruhe. Sie essen langsam und beschaulich, mögen keine unruhigen Tischgespräche oder eine hektische Atmosphäre mit umherhuschendem Personal. Laute Tischmusik ist ihnen ein Greuel, denn sie wollen sich stets auf nur einen Genuß konzentrieren. Ein abseits gelegener Tisch, eine zuvorkommende, aber nicht geschwätzige Bedienung wissen sie zu schätzen.

Skorpion und Stier liegen nicht auf einer Wellenlänge. Zum einen stört den Skorpion die Begeisterung, mit der ein Stier das Essen betreiben kann. Den Stier nervt zum anderen die Gleichgültigkeit, mit der mancher Skorpion sich »ernährt«. Von einer Konversation bei Tisch kann bei diesen Partnern nicht unbedingt ausgegangen werden. Beide sind geübte Schweiger. Und wenn sie reden, sagen sie sich ganz offen und schonungslos ehrlich

die härtesten »Nettigkeiten«. Wenn nicht günstige Aszendenten im Spiel sind, sollten die beiden vielleicht lieber allein essen.
Prominenz bei Tisch: Reformations-Skorpion **Martin Luther** (*10.11.1483) und Stier-Zarin **Katharina die Große** (*2.5.1729).

Im Zeichen Zwilling Geborene

Zwillinge sind wild auf neue und exotische Genüsse. Sie lieben nichts weniger als Konvention, wollen auch mit der Zunge neue Erkenntnisse sammeln und schrecken auch vor gewagten Neukreationen und Experimenten nicht zurück. Anders und weniger wohlwollend gesagt: Zwillinge essen einfach alles. Vom Fast-Food-Palast bis zum Sternerestaurant sind sie anzutreffen, immer auf der Suche nach neuem Gaumenkitzel. Ihrem Urteil als Feinschmecker sollte man so ohne weiteres besser nicht folgen. Auch ist ihre Sensibilität für Atmosphäre und Ambiente eher unterentwickelt. Was andere Sternzeichen für einen Fauxpas in der Einrichtung eines Lokals halten, finden Zwillinge mit ihrem Wunsch nach Neuem »originell«. Lukullisch erfahrene Zwillinge ziehen eine Speisenfolge mit vielen unterschiedlichen Kleinigkeiten wenigen Gerichten mit größeren Portionen vor. Mit Vorliebe schwelgen sie in Vorspeisen.
Skorpion und Zwilling sind bei Tisch nicht füreinander bestimmt, denn diese Zeichen stehen sich ziemlich indifferent gegenüber. Zwar kann das

Luftzeichen Zwilling für Sturm auf dem Meer des Wasserzeichens Skorpion sorgen, was sich im kontroversen Tischgespräch ausdrückt. Wer es mag... Doch weder in der Wahl der Speisen noch in der Weltsicht kommen Skorpion und Zwilling zusammen: Der Zwilling ist dem Skorpion zu quecksilberig und wechselhaft, während der Zwilling mit dem leidenschaftlichen Ernst des Skorpions seine Probleme hat.
Die prominente Entsprechung: Satire-Skorpion Vicco »**Loriot**« von Bülow (*12.11.1923) und Rock-Zwilling **David Bowie** (*26.5.1948).

Im Zeichen Krebs Geborene

Allen Genüssen interessiert zugewandt, lieben Krebse das Essen über alles. Dabei wählen sie eher die traditionelle Küche (durchaus in verfeinerten Varianten) und die traditionelle Tafel. Dabei hat das Ambiente für den Krebs eine hohe Bedeutung; Tischdekoration, Beleuchtung und Kleidung der Tischgefährten müssen stimmig zueinander passen. Denn Krebse lieben das Heimelige oder Intime. Große Restaurants und Feierlichkeiten liegen ihnen nicht so sehr. Auch schmeckt ihnen das Essen »von der Stange« nicht. Das Candlelight-Dinner zu zweit ist ihnen mit Abstand lieber als jede größere geselligere Form des öffentlichen Essens. Die Ausnahme: Recht gern mögen sie die kleine Tafel im engeren Familien- oder Freundeskreis. Denn: So ganz allein ißt auch der Krebs nicht gern.

Skorpion und Krebs werden beide vom Element Wasser regiert - Ursache für tiefe Gefühle. Nicht nur bei Tafelfreuden verstehen sich diese beiden Zeichen gut, wenn auch ihre Zunge nicht gerade identisch wahrnimmt. Im Gespräch stoßen sie auf zahlreiche Übereinstimmungen und Parallelitäten, die sie ausgiebig zu vertiefen versuchen. Auch ein Glas Wein nach dem Essen wissen sie gemeinsam zu genießen. Aber Vorsicht: Krebs und Skorpion tragen auch gern Eifersuchtsdramen angelegentlich eines gemeinsamen Essens aus. Die prominente Entsprechung: Langstrumpf-Skorpion **Astrid Lindgren** (*14.11.1907) und Mode-Krebs **Pierre Cardin** (*7.7.1922).

Im Zeichen Löwe Geborene

Löwe-Menschen gelten als großzügig und weltoffen - sie sind die idealen Gastgeber. Dies nicht nur, weil sie um das Wohl ihrer Gäste bemüht sind, sondern weil sie selbst gern und ausdauernd feiern. Es ist ihnen ein echtes Bedürfnis, hin und wieder in glanzvollem Rahmen mit Menschen zusammenzutreffen. Auch gehören Angehörige dieses Sternzeichens in ihrer selbstsicheren und vitalen Art zu den beliebtesten Gästen eines Restaurants. Ungeschulte Löwen allerdings verwechseln allzu leicht Verpackung und Inhalt. Sie achten zu sehr auf den prunkvollen Rahmen und übersehen dabei oft andere Qualitäten. Eine zuvorkommende, ja ihnen schmeichelnde Bedienung ist manchem Löwen wichtiger als wirklich gutes Essen. Schwere, goldene Leuchter, Brokatgardinen, eine bombastische Tafel oder auch ein kalter, aber feierlicher Designpalast in Chrom und Glas blendet sie leicht. Ständig sind solche Löwen auf der Suche nach einem neuen Parkett für einen ihrer glanzvollen Auftritte. Ihre Zunge ist weniger ausgebildet - fein entwickelt hingegen ist ihr Gespür für das Protokoll... Wenn Löwen lukullische Erfahrungen gesammelt haben, gehört neben dem dann deutlich ausgeprägten guten Geschmack der Speisen stets der Effekt mit zu einem kulinarischen Ereignis. Allerdings sind sie nicht mehr mit flambiertem Irgendwas zufriedenzustellen wie völlig unerfahrene Angehörige dieses Zeichens. Doch bleibt ein aufwendiges Ambiente neben der Qualität der Speisen für sie stets bedeutungsvoll. Werden ihre Bedürfnisse erfüllt, zeigen sich Löwe-Menschen überaus erkenntlich.

Skorpion und Löwe finden bei Tisch nicht nur bei der Auswahl der Gerichte kaum Berührungspunkte. Als Publikum für die Selbstdarstellung des Löwen ist der Skorpion völlig ungeeignet, denn für ihn ist nur eine Person der intensiven Aufmerksamkeit wert: er selbst. Auch findet der Skorpion das ganze Image des Löwen oberflächlich und hohl. Der Löwe wiederum hat im Tischgespräch seine Probleme mit der schonungslos ehrlichen Art des Skorpions oder mit seinem Schweigen, denn er erwartet nichts als Beschönigungen, Komplimente oder gar schamlose Schmeicheleien - so sieht es der Skorpion. Wir raten zu größeren Tafelgemeinschaften oder besser noch: jeder an einem anderen Tisch für sich allein essen!
Nicht an einer Tafel: Fußball-Skorpion **Diego Maradona** (*30.10.1960) und Mode-Löwe **Yves Saint Laurent** (*1.8.1936).

Im Zeichen Jungfrau Geborene

Jungfrauen sind gewissenhafte, kritische und sorgfältige Menschen. So hilfsbereit, zuverlässig und verständnisvoll sie ihren Mitmenschen gegenübertreten, so hoch sind ihre Ansprüche an diese. Dies gilt auch und insbesondere für das Essen. Denn Jungfrau-Menschen sind wählerische und penible Esser. Sie fürchten um ihre Gesundheit, lieben nur leichte Kost, halten Essen dabei aber oft für eine - allerdings angenehme - Nebensache. Auch bereiten ihnen die mit gutem Essen einhergehenden Kosten Magenschmerzen, denn Jungfrauen sind von Natur aus sparsam. Große Galadinners oder rauschende Feste inszenieren sie nicht oder nur selten. Dafür besuchen sie dererlei Veranstaltungen gern. Am besten schmeckt ihnen leichtes und ausgesucht frisches Essen - wenn es nichts kostet. Von ihrer Wesensart her (Sparsamkeit, dennoch hohe Qualitätsansprüche, Akribie) eignen sich Jungfrauen gut als Küchenchefs eines großen Hotels - wenn ein günstiger Aszendent für eine Prise Kreativität sorgt. Ansonsten ist Restauranttester oder Küchenkritiker der richtige Beruf für sie.

Skorpion und Jungfrau gelten nicht nur im Liebesleben als ideale Konstellation. Bei Tisch harmonieren sie in Geschmack und Gespräch besser als viele andere Zeichen. Die Jungfrau ist von der

Kombination zwischen Leidenschaft und Verstand fasziniert, die nur der Skorpion bieten kann, und das schmeichelt diesem ungemein. Er wiederum schätzt die ehrliche und offene Art der Jungfrau und nimmt gern - man höre und staune - ihre Ratschläge in puncto Ernährung an. Ein Paar, das viele Essen Seite an Seite genießen wird, denn sie stehen treu zueinander. Manko für Koch und Personal: Dieses Paar wird äußerst unangenehm, wenn etwas nicht zu seiner Zufriedenheit ausfällt. Denn zu Akribie und Urteilskraft der Jungfrau gesellt sich die aggressive Energie des Skorpions.
Die prominente Entsprechung: Skorpion **Eddie Constantine** (*29.10.1917) und Jungfrau **Sean Connery** (*25.8.1930).

Im Zeichen Waage Geborene

Die feinsinnigen Waage-Menschen sind geborene Feinschmecker. Nicht ein einzelnes Gericht oder Rezept macht sie glücklich: Sie sehen das Essen - wie alles im Leben - als Gesamtkunstwerk. Geruch, Geschmack, taktiler und oraler Genuß, das Gefühl eines edlen Weines auf der Zunge, der harmonische Einklang von Architektur, Mobiliar, Tischgestaltung und freundlichen, gutgelaunten Menschen - das ist es, was sie lieben. Ein geistvolles Gespräch, ein Spaziergang durch eine laue Sommernacht - alle Details sind für eine Waage Zutaten zum Menü. Verständlich, daß einer Waage schnell die Stimmung vergeht, wenn etwas nicht ihren Erwartungen entspricht. Ein dumpfer, grölender Gast, eine Soße aus der Welt der Brühwürfel, und die Waage ist mißgelaunt und bricht das Ereignis ab.

Skorpion und Waage gehören nicht eben zu den optimalen Teams bei Tisch. Der durchschnittliche Skorpion findet, daß die Waage das Essen und das ganze Drumherum viel zu wichtig nimmt und dabei das Bedeutendste vernachlässig: ihn. Überhaupt ist ihm die Waage viel zu spielerisch und leichtlebig. Diese wiederum mag seinen verbohrten Ernst und seinen Widerspruchsgeist nicht - so führen Waagen einfach kein Gespräch. Wenn nicht alles harmoniert, geht es der Waage gegen den Strich. Und dann schmeckt es ihr auch nicht mehr. Prominente Entsprechung mit politischen Folgen: der französische Skorpion **François Mitterrand** (*26.10.1916) und die polnische Waage **Lech Walesa** (*29.9.1943).

Im Zeichen Skorpion Geborene

Die lukullischen Eigenschaften des Sternzeichens Skorpion sind Ihnen ja bereits bekannt. Nun muß es aber nicht unbedingt sein, daß zwei Menschen des gleichen Zeichens miteinander harmonieren. Es kann im Gegenteil auch zu einer ungünstigen Ballung identischer Energien kommen. Schwer zu entscheiden im Falle dieses Tierkreises: **Zwei Vertreter des Sternzeichens Skorpion** sind bei Tisch nicht eben unterhaltend zueinander, denn Skorpione suchen in ihrem Gegenüber nicht ihr Abbild, sondern eher das Schloß zum Schlüssel. Essen und Trinken werden - bei ungeschulten Vertretern dieses Zeichens - nicht das Thema sein, und auch sonst haben sie sich nicht allzuviel zu sagen. Vielleicht gibt es trotz des Schweigens eine stille Übereinkunft und Zufriedenheit. In stiller Zufriedenheit: die sportlichen Skorpion **Uwe Seeler** (*5.11.1936) und **Boris »Äh« Becker** (*22.11.1967).

Im Zeichen Schütze Geborene

Schütze-Menschen gelten als wißbegierig und vielseitig. Sie sind bekannt für ihr optimistisches Wesen und ihre Reiselust. Die Schattenseiten ihrer Persönlichkeit: Unrast und Selbstüberschätzung. In bezug auf das Essen macht ihnen besonders ihre innere Unruhe zu schaffen: Auch der unerfahrene Schütze neigt - wie der Widder - zum hektischen Verzehr großer Mengen der merkwürdigsten Speisen. Doch anders als bei diesem - der Widder steht auf scharfe Gewürze - spielt im Sternbild Schütze bei ungeschulten Vertretern dieses Zeichens der Geschmack scheinbar überhaupt keine Rolle.
Solche Schützen essen in Fast-Food-Palästen, Pommesbuden, Imbißketten, aus der Dose und aus der 5-Minuten-Terrine. Wenn man sie allerdings an gutes Essen heranführt, werden sie hellwach und staunen nicht schlecht: So gut kann Essen schmekken! Einmal erweckt, werden sie nicht mehr auf einen gewissen Standard verzichten wollen. Geschickte kulinarische Verführer fesseln Schützen mit ihrem Interesse an Exotik und ausgefallenen Genüssen, die von Schütze-Menschen gut aufgenommen werden, denn häufig bringen Schützen von ihren ausgedehnten Reisen bereits gewisse Erfahrungen mit.

Skorpion und Schütze ziehen sich weder im Leben noch als Tischgefährten an. Der Skorpion ordnet den heiteren Schützen in die Schublade mit der Aufschrift »Windbeutel« ein, während der Schütze den Skorpion für einen arroganten Finsterling hält. Wie soll da ein sinnvolles Tischgespräch zustandekommen? In der Wahl der Speisen unterscheiden sich beide meilenweit. Was dem Schützen mundet, kann dem widerborstigen Skorpion schon aus Prinzip nicht schmecken. Das prominente Paar: Skorpion **Burt Lancaster** (*2.11.1912) und Schütze **Gustaf Gründgens** (* 22.12.1899).

Im Zeichen Steinbock Geborene

Steinbock-Menschen gelten als überaus tüchtig und fleißig. Trotz ihrer schlichten und bescheidenen Art verbirgt sich eine gehörige Portion Ehrgeiz und Strebsamkeit in ihrer Person. Die Schattenseiten ihres Wesens: Häufig stehen sie ihrer Umwelt mit übergroßem Argwohn und nicht sehr anpassungsfähig gegenüber. Diese und einige weitere Wesenszüge des Steinbock-Menschen behindern seine feinschmeckerische Seite: sein Hang zu konservativen Einstellungen, seine manchmal übertriebene Sparsamkeit, sein Wissen über gesunde Ernährung und sein angeborenes Mißtrauen gegen spielerisch Leichtes (in den Augen anderer Sternzeichen: alles, was Spaß macht). Es gilt also, einen preiswerten, gesunden, moralisch vertretbaren Einstieg in die Feinschmeckerei zu finden. Denn Geschmack haben Steinböcke schon, und das nicht zu knapp. Genaugenommen sind sie in ihrer kritischen, akribischen und unbestechlichen Art neben Menschen des Zeichens Jungfrau die idealen Restauranttester und anspruchsvollen Köche mit ausgeprägtem Gespür für Preiswürdigkeit...

Skorpion und Steinbock ähneln sich in Anschauungen und Zielsetzungen und sind deshalb durch eine geistige Verwandschaft verbunden. Es ist also weniger die Übereinstimmung im Geschmack, die sie bei Tisch gut miteinander auskommen läßt. Ihre tiefernsten Tischgespräche würden kaum einen Angehörigen eines anderen Sternzeichens ansprechen, auch wenn sie zueinander dennoch nicht bis ins letzte offen sein können. Kritisch wird es, wenn der bei beiden Zeichen ausgeprägte Starrsinn sich geballt gegen andere Gäste oder das Personal richtet. Gutes Ätz-Team: Macho-Skorpion **Charles Bronson** (*3.11.1922) und Steinbock-Diva **Marlene Dietrich** (*27.12.1901).

Im Zeichen Wassermann Geborene

Wassermann-Menschen gelten als beweglich, freiheitsliebend, erfinderisch und voller Fantasie. Der Wunsch nach Wechsel und Veränderung ist in ihrer Persönlichkeit besonders ausgeprägt. Es gibt das Gerücht, daß Wassermänner als Gäste niemals dasselbe zweimal bestellen. Hin und wieder jedoch wird der Wunsch nach Neuem zu einer Sucht nach Originalität - und das auf Kosten der Qualität.
Der Wassermann ist, nicht nur, was das Essen betrifft, der absolut erlebnishungrige Genießertyp. Lukullische Experimente erregen und beflügeln Wassermänner zu guten Ideen und großen Entwürfen auch in anderer Hinsicht. Für ihr Leben gern erkunden sie neue Restaurants und neue Rezeptu-

ren - es ist ein Vergnügen, mit ihnen durch die Lande zu ziehen. Wassermänner benehmen sich weltmännisch und fallen durch eine angenehm natürliche Umgangsart auf. Sind Wassermänner als Köche tätig, so bestechen ihre eigenständigen, oft völlig ungewöhnlichen Kreationen - nichts für traditionsbewußte Steinböcke oder Menschen des ein wenig sturen Sternzeichens Stier.
Skorpion und Wassermann verstehen sich bei Tisch ganz und gar nicht. Dieser seltsame, extrovertierte Typ Wassermann ißt Dinge, an die ein Skorpion niemals auch nur denken würde, und seine Art, das halbe Lokal zu unterhalten, findet der Skorpion impertinent. Die utopisch-hypothetische Denkweise des Wassermanns und der leidenschaftlich-verbohrte Mystizismus des Skorpions - das muß ja Streit geben. An Essen denkt da keiner mehr - höchstens ans Trinken, um die strapazierten Nerven zu beruhigen. Das prominente Paar: Skorpion-Barde **Wolf Biermann** (*15.11.1936) und Polit-Wasserfrau **Rita Süssmuth** (*17.2.1937).

Im Zeichen Fisch Geborene

Menschen des Sternzeichens Fische gelten als schüchtern, sensibel, sanft und rücksichtsvoll. Sie nähern sich ihren Mitmenschen vorurteilsfrei und können sich in die Psyche ihres Gegenübers einfühlen. Alles Sinnliche und Lustbetonte liegt ihnen nah, und dies gilt besonders für alle Belange von Küche und Keller. Auch lukullisch unerfahrene

Fische essen mit Leidenschaft, denn sie stehen allen Sinneslüsten offen gegenüber. Ihre Tischsitten sind salopp - besonders nach dem Genuß gehaltvoller Getränke zu den Speisen - das ist in den Augen Angehöriger mancher ordnungsverliebter Tierkreise beklagenswert. Fische sehen das meist lokker - eine entspannte Atmosphäre gehört dazu. Es würde einen Fische-Menschen (und nicht nur diesen) stören, wenn allzusehr auf Etikette geachtet oder in hektischer Geschäftigkeit »Ordnung« gemacht würde.
Als Köche werden Fische ihre Gäste nie enttäuschen. Manche schwingen sich gar zu ungeahnten Höhen auf, und es gelingt ihnen, ihre eigene Lust am Essen an ihre Gäste zu vermitteln.
Fische mit gesundheitlichen Beeinträchtigungen konvertieren manchmal vom Genießer zum Gesundheitsapostel, propagieren Rohkost (die sie übrigens ausgesprochen lustvoll zubereiten und anrichten), belästigen hin und wieder ihre Mitmenschen mit Bekehrungsversuchen und sollten allein zu Hause essen.
Skorpion und Fisch treffen sich bei Tisch häufig zu einer Verbindung, die auf Dauer Bestand haben kann. Beide werden vom Element Wasser regiert und sind daher ausgesprochene Gefühlsmenschen. Speisen und Getränke genießen sie ebenso wie ein gutes Gespräch - in stiller Seelenverwandtschaft. Während der Fisch im Restaurent bei der Auswahl der Gerichte dominiert, führt der Skorpion häufig das Wort bei der Konversation. Wenn

Gastgeber oder Gastronom nicht stören, werden Essen und Zusammensein in beider persönlicher Geschichte verewigt. Ein Traum-Duo bei Tisch: Presse-Skorpion **Rudolf Augstein** (*5.11.1923) und Ex-Skandal-Fisch **Franz Xaver Kroetz** (*25.2.1946).

Wenn Sie Gast sind...

Sie sind eingeladen, und die Gastgeberin oder der Gastgeber kochen selbst. Wie schön für Sie! Oder auch nicht, denn Angehörige mancher Sternzeichen sind in der Küche keine Genies oder überraschen ihre Gäste mit merkwürdigen Kreationen. Wenn Sie gar nicht wissen wollen, was sie erwartet, dann überschlagen Sie diese Kapitel. Wenn Sie vorbereitet sein wollen, bekommen Sie hier zumindest einen Vorgeschmack.

Widder-Gastgeber

sind keineswegs geborene Köche. Sie arbeiten hektisch und ohne die nötige Hingabe. Tip: Wünschen Sie sich etwas Einfaches - das kriegen sie gerade noch hin: kurzgebratenes Fleisch oder ein Nudelgericht. Oder hoffen Sie auf einen Zufallstreffer. Rechnen Sie jedenfalls mit scharfen Geschmacksrichtungen. Im schlimmsten Falle wird Sie ein Widder-Gastgeber durch einen Party-Service oder einen Mietkoch bewirten lassen.

Gastgeschenke für Menschen des Sternzeichens Widder: ein Trockenstrauß mit Zierdisteln oder eine originelle Kaktee (Mars!), ein Schnellkochbuch, eine CD mit Rockmusik, eine Flasche Tequila oder eine Karte für das Fußball-Länderspiel oder Tennisturnier.

Stier-Gastgeber

kochen mit Ruhe und Sachkunde. Sie bevorzugen zwar die deftige Richtung, leisten in dieser Disziplin am Kochtopf aber Beachtliches. Sie kreieren zwar keine Haute Cuisine, aber handfeste Meisterwerke der Hausmannskost. Alle werden satt, und es schmeckt vorzüglich. Dazu schaffen sie eine sehr persönliche Atmosphäre.

Gastgeschenke für Menschen des Sternzeichens Stier: ein Strauß Narzissen oder Rosen, eine Primel im Topf, eine Flasche Aquavit, ein Kochbuch »1000 Rezepte der Hausmannskost«, ein praktisches Küchengerät oder eine Schachtel feiner Pralinés.

Zwilling-Gastgeber

stürzen ihre Gäste in echte Krisen. Nicht nur, daß ihnen der Sinn für die Tischdekoration fehlt; meist ist das Essen lieblos und ohne echte Aufmerksamkeit zusammengesucht. Sogar Tiefkühlkost, indu-

strielle Fertigprodukte und Konserven werden aufgetischt. Einzig das geistvolle Tischgespräch entschädigt. Essen Sie besser vorher zuhause; dem Zwilling fällt ohnehin nicht auf, daß Sie nicht zulangen. Sein Interesse für gepflegtes Essen strebt gegen Null, wenn ihn niemand anleitet.
Gastgeschenke für Menschen des Sternzeichens Zwilling: ein Strauß Gänseblümchen oder selbstgepflückter Holunder, eine Flasche Cognac, ein Kochbuch »1000 Vorspeisen in zehn Minuten« oder ein Fläschchen Sandelholzduft.

Krebs-Gastgeber

sind ein Glücksfall für ihre Gäste. Sie verwenden jede Aufmerksamkeit für das Kochen, kaufen frische Lebensmittel allererster Qualität, bereiten mit Sorgfalt und Sachkunde vor, verstehen sich ausgezeichnet auf das Kochen selbst und sorgen auch für ein stimmungsvolles Ambiente. Vom Aperitif bis zum letzten Verdauungsschnaps stimmt beim Krebs alles. Ein Meister der häuslichen Gastlichkeit! Gastgeschenke für Menschen des Sternzeichens Krebs: ein Strauß Veilchen oder selbstgepflückte Mohnblumen (halten leider nicht lange), eine gute Flasche Weißwein, ein Kochbuch »1000 klassische Rezepte« oder ein wirklich schönes Küchengerät.

Löwe-Gastgeber

können zwar rauschende Feste ausrichten, kochen aber allenfalls auf Hauskatzen-Niveau. Sie wissen das und sorgen für Abhilfe, indem sie die Köstlichkeiten entweder anliefern oder im Hause von kundiger Hand zubereiten lassen. Dabei kommt es ihnen vor allem auf effektvolle Präsentation der Speisen an. Während des Essens loben sie die Speisen und sich selbst, weil sie es ja waren, die den hervorragenden Party-Service oder Koch entdeckt haben. Gastgeschenke für Menschen des Sternzeichens Löwe: ein Strauß Sonnenblumen oder Chrysanthemen, eine Flasche vollmundigen Rotweins, ein Kochbuch »1000 Rezepte der Luxusklasse« oder einen goldenen (im finanziellen Krisenfalle silbernen) Kaviarlöffel.

Jungfrau-Gastgeber

bitten nur selten zum Essen, und wenn, dann am liebsten im Kreise von Freunden oder Familienmitgliedern. Sie kochen gut, bevorzugen leichte, gut verdauliche Speisen und würzen nur milde - beste Voraussetzungen. Auch die Weine sind leicht. Allerdings fallen die Portionen meist klein aus. Die Tafel hat vermutlich nicht den letzten Schliff, wirkt aber ordentlich und sauber. Anderenfalls verginge dem Gastgeber der Hunger.

Gastgeschenke für Menschen des Sternzeichens Jungfrau: ein selbstgepflückter Strauß Kornblumen (wenn Sie welche finden!), eine Flasche trockenen Weißweins, ein Kochbuch »1000 Rezepte, die gesund, reich und schön machen«, einen Terminkalender oder ein neues Computerprogramm zur Rezeptverwaltung.

Waage-Gastgeber

kochen gut und können in der Küche schlemmerhafte Höhen erklimmen, wenn sie in Stimmung und inspiriert sind. Allerdings ringen sie oft tagelang mit der Auswahl des Menüs und können sich nur schwer für den rechten Wein entscheiden. Auch die Tischdekoration beschäftigt sie lange, und selbst die Wahl der Tafelmusik nimmt Zeit und Entscheidungspotential in Anspruch. Der Qualität des Essens tut dies keinen Abbruch: Alle Gäste werden hochzufrieden sein.

Gastgeschenke für Menschen des Sternzeichens Waage: ein Strauß weiße Rosen oder selbstgepflückte Gänseblümchen, eine Tüte Jasmintee, eine New-Age-CD mit Meditationsmusik, ein Kochbuch »1000 Rezepte der feinen Küche« oder eine Schachtel feines Schokogebäck.

Skorpion-Gastgeber

kochen ungern und halten ausgiebiges Schlemmen für Zeitverschwendung. Deshalb werden sie nur selten Gastgeber sein. Rechnen Sie in einem solchen Falle mit einem Standardessen oder der lieblos zubereiteten Variante eines anspruchsvollen

Menüs. Geben Sie sich keine Mühe, die Speisen zu preisen - Skorpion-Gastgeber sind brutal ehrlich zu sich und ihren Mitmenschen und wissen um die Qualität ihrer Speisen. Sie legen keinen Wert auf Lob.

Gastgeschenke für Menschen des Sternzeichens Skorpion: ein Strauß Maiglöckchen oder ein Geranientopf, eine Flasche trockenen, gehaltvollen Rotweins, ein Kochbuch »1000 Rezepte der magischen Küche« oder eine Schachtel Käsegebäck.

Schütze-Gastgeber

können zwar glänzende Einladungen inszenieren, stehen allerdings nur selten am Herd. Da sie geschickte Organisatoren sind, werden sie aber für gute Kost sorgen. Dabei nehmen sie glücklicherweise nicht ihre eigenen geringen Ansprüche als Maßstab, sondern informieren sich aus der Fachpresse oder aus Führern über gute Küche für ihre Gäste. Dennoch: Hin und wieder finden Schützen auch eine McDonald's-Party oder ein Fest mit Es-

sen vom Chinesen an der Ecke lustig. Gastgeschenke für Menschen des Sternzeichens Schütze: ein Strauß Nelken oder selbstgepflückte Pusteblumen, eine Flasche Portwein, Grappa oder Obstgeist, ein Reiseführer »Alle schönen Orte dieser Erde« oder eine Schachtel feiner Pfefferminzschokolade.

Steinbock-Gastgeber

laden nur selten zum Essen, kochen betont bescheiden und langweilen manchmal mit günstigen Einkaufsquellen für Delikatessen, wie sie die Schlichtnahrung nennen, die sie anbieten. Konversation über Schwarzwurzelpreise gehört dazu. Trotz aller Einschränkung werden sie den Gästen ein handfestes, wohlschmeckendes Essen anbieten, das aber nie sensationelle Spitzenerlebnisse beinhalten wird. Gastgeschenke für Menschen des Sternzeichens Steinbock: ein Strauß Stiefmütterchen, ein Efeu im Topf oder eine Lotusblüte, eine Flasche Enzian oder Wermut, ein Kochbuch »1000 Rezepte der sparsamen Gesundheitsküche« oder eine Schachtel Bitterorangen-Pralinés.

Wassermann-Gastgeber

sind fantasievolle und kreative Köche, die allerdings wenig Wert auf das Ambiente legen. Für sie zählt beim Essen nur das Wesentliche, nämlich das Geschmackserlebnis. Da sie das Experiment lieben, werden sie die Gaumen ihrer Gäste hin und wieder auf eine arge Probe stellen. Rechnen Sie mit allem: kandierte Seegurke in Aspik gehört durchaus zum Repertoire. Auch lieben Wassermänner - wie jedes Gespräch - die Konversation über das Essen. Hin und wieder dozieren sie gar (»...also da-

mals in Wattenscheid, da habe ich mal eine Brieftaube zubereitet, ein zähes Luder, sage ich Ihnen...«)
Gastgeschenke für Menschen des Sternzeichens Wassermann: ein Strauß Orchideen oder Goldrute aus dem Garten, eine Papierblume oder eine gelbe Rose, eine Flasche Batida di Coco oder Rum, ein Kochbuch »1000 Rezepte der experimentellen Performanceküche« oder ein edles Glas Honig.

Fische-Gastgeber

legen mehr Wert auf stimmungsvolle Behaglichkeit als auf hochklassiges Essen. Er wird Sie aber nie mit ungenießbaren Unsäglichkeiten bewirten, sondern immer auf gute Qualität achten. Und alle werden satt, denn die Portionen oder die Zahl der Gänge stimmen. Spitzenklasse: die Tischweine und sonstigen Getränke im Fische-Haushalt.
Ausnahme hier: der immer wieder vorkommende asketische (weil schlemmereigeschädigte) Fisch. Rechnen Sie hier mit Rohkost und Wasser aus der Bergquelle.

Gastgeschenke für Menschen des Sternzeichens Fische: ein Strauß Lilien oder Flieder, eine Flasche Champagner oder alten Rum, ein Kochbuch »1000 flambierte Desserts« oder eine CD mit französischen Chansons.

Die Gesundheit

Hier geht es um die andere Seite der Ernährung, denn Essen bedeutet nicht nur Genuß. Dieser alte Satz gilt nach wie vor: Du bist, was du ißt. Aus fetten Soßen können schwerlich Muskeln wachsen. Inhaltsleeres Weißbrot gibt keine Energie, denn kraftlose Nahrung macht nicht stark.
Nun reagiert aber nicht jeder Mensch auf viele Nahrungsmittel gleich: Was den einen mit übermäßig vielen Kalorien versorgt, deckt bei einem anderen Menschen gerade den Mindestbedarf. Was den einen ekelt, trifft auf die glühende Liebe des anderen. Nicht zuletzt gilt der gesundheitliche Aspekt: Was mir zuträglich ist, kann dir möglicherweise schaden.

Für das Sternzeichen Skorpion gilt: Ihre Eßgewohnheiten sind extrem, und ebenso verhält es sich mit ihren Körperformen. Mancher dünne Skorpion sollte besser einige Pfunde mehr auf den Rippen haben, andere wiederum (laut Astrologie die meisten) rollen eher durchs Leben. Auf Änderungen der Eßgewohnheiten sprechen dicke Skorpione gut an. Wenn Sie den Erfolg ihrer Bemühungen sehen, halten sie mit eisernem Willen durch. Zu dünne Skorpione dicker zu bekommen, ist schon eine ganz andere Sache...

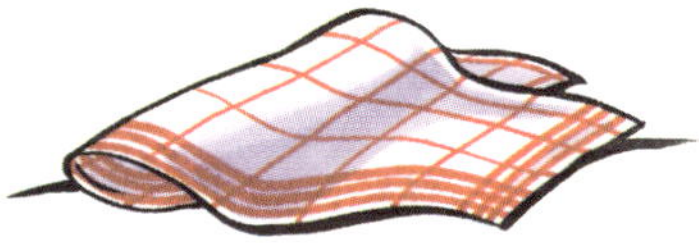

Der Verdauungsapparat des Skorpion-Menschen ist - so die Astrologie - glücklicherweise außerordentlich stabil. Dafür leiden sie an einer Anzahl anderer Probleme von Hals-, Nasen-, Ohrenproblemen über Leistenbrüche und Schilddrüsenerkrankungen bis hin zu Hämorrhoiden. Auch in Unfälle sind Skorpione wegen ihrer draufgängerischen Art überdurchschnittlich oft verwickelt. Da Skorpione keine einsichtigen Patienten sind und Ärzten und Pflegern mit Mißtrauen und Argwohn gegenübertreten, ist es übrigens kein Vergnügen, an ihrer Gesundung mitzuarbeiten.

Gesundheitstips für das Sternzeichen Skorpion

Wenn Sie lange und gesund leben wollen, sollten Sie als Angehöriger des Sternzeichens Skorpion die folgenden Regeln berücksichtigen:

1. Raus aus dem Haus! Viel Bewegung im Freien läßt Skorpion-Menschen aufblühen.
2. Sorgen Sie für ausreichend Ruhe!
3. Tun Sie Ihrem Körper hin und wieder etwas Gutes! Schwimmen, Sauna, ein langer Spaziergang - er dankt es ihnen mit viel Power! Sie halten zwar auch lange »Durststrecken« ohne große Gesundheitspflege durch; zur Hochform laufen sie aber nur mittels dieses natürlichen Dopings auf.

Was bekommt dem Zeichen Skorpion? Grundnahrungsmittel

Hamburger, Pommes Frites, Mikrowellen-Pizza und Single-Menüs aus dem praktischen Plastik-Formgefäß - die Grundnahrungsmittel der neunziger Jahre? Oder sind es eher fettiges Gyros, totgekochtes Kantinengemüse und zuckerstarrende Pausensnacks? Es gibt durchaus Sternzeichen, die wabbelnde Fleischbrötchen für eßbar halten, wenn man ihnen nicht die nötige Sachkenntnis vermittelt. Für Menschen, die das Kochen wie das Essen für eine vitale Lebensäußerung halten und beides keineswegs als lästige Verrichtungen sehen, sind natürlich frische und möglichst naturnahe Lebensmittel ein Muß.

Das Getreide

So ähnlich sie sich auf den ersten Blick auch sehen: Jedem Korn wohnt ein eigener Charakter inne. Zum Charakter des Sternzeichens Skorpion paßt die Gerste (das Getreide des Mars). Sie verbessert die Ausdauer und beflügelt zu großen Leistungen in körperlicher wie geistiger Hinsicht. Leider nehmen Skorpione dieses Getreide häufig in flüssiger Form und in Kombination mit Hopfen zu sich. Als deftige Zutat zum Müsli oder zu einem Vollkornbrot wäre die Gerste zumindest ebenso bekömmlich.

Obst und Gemüse

Was die Angehörigen eines Sternzeichens für eine Beilage halten, ist für das andere Horoskop die Seele der Mahlzeit. Für den einen grüne oder sonstwie merkwürdig gefärbte Füllmasse - für den anderen kreatives Spielmaterial mit ungeahnten Möglichkeiten für das Auge, das ja bekanntlich mitißt. Unter den Aspekten des Horoskops betrachtet und für die verschiedenen Sternzeichen bedeuten Gemüsesorten noch mehr: Skorpione z.B. bevorzugen Gemüsesorten wie Zwiebeln, Paprika, Fenchel, Pfefferschoten und Rettich. Der Einfluß des Planeten Mars (Farbe Rot und somit rote Früchte) wird hier durch den finsteren Pluto modifiziert, der ebenfalls Auswirkungen auf dieses Zeichen hat und für die Schärfe zuständig ist.

Zusätzlich schmecken Angehörigen dieses Zeichens säuerliche Obstsorten wie Apfel, Kiwi oder Pampelmuse; auch den bittersüßen Rhabarber verschmähen sie nicht.

Die Fleischsorten

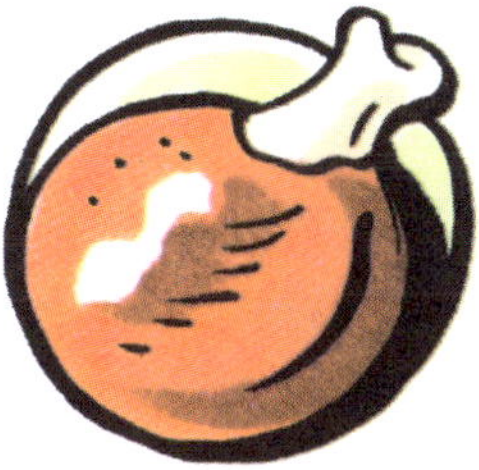

Handelt es sich bei den Gemüsesorten schon um lebende Materie, die für uns Menschen zur Nahrung wird, so ist das Fleisch für jeden bewußten Feinschmecker noch höher mit Bedeutung aufgeladen. Unter den zwölf Sternzeichen gibt es jede Einstellung zum Verzehr von Fleisch - Typen vom gedankenlosen Hinunterschlinger bis zum fanatischen Vegetarier sind vertreten. Natürlich spielt hierbei neben geschmacklichen Aspekten die persönliche Erfahrung, Gefühls- und Bewußtseinslage eine besondere Rolle. Im allgemeinen hat das Sternzeichen Skorpion ganz eigene Vorlieben: Seinen Eiweißbedarf deckt es am liebsten mit scharf gebratenem und kräftig gewürztem Fleisch; bei Geflügel zieht es Wild vor - Wildente, Wachtel, Rebhuhn und Fasan.

Apropos Eiweiß: Besonders bekömmlich für den Skorpion (wie für viele andere Sternzeichen auch) sollen Joghurt, Quark, Kefir und Kräuterquark sein; Roquefort und alle übrigen Schimmelkäsesorten oder alte, scharf oder vollmundig schmeckende Käsesorten munden Skorpion-Menschen vorzüglich.

Die Fischsorten

Auch hier gibt es unter den zwölf Sternzeichen natürliche Vorlieben und Abneigungen. Viele stellen sich die Frage, ob man Fische überhaupt essen soll. Die Feinschmecker aller Sternzeichen haben bei diesem hochsensiblen Nahrungsmittel vor allem immer wieder Bedenken, was die fragwürdige Frische betrifft. Nicht nur kritische Presseberichte können den Gourmet in Zweifel stürzen - auch die eigene Nase teilt hin und wieder Unangenehmes mit.
Angehörige des Sternzeichens Skorpion stehen dem Thema Fisch aufgeschlossen gegenüber. Da das Element Wasser regiert, verzehren sie alle Fischsorten sowie Langusten, Krebse und Hummer gern und reichlich. Da Fische ja bekanntlich

schwimmen müssen, bereiten sie Skorpione entweder als wohlschmeckende Suppe zu oder begießen ein deftig gebratenes Fischgericht nach dem Verzehr innerlich mit reichlich Flüssigkeit.

Süßigkeiten

In ganz besonderer Weise zerstreiten sich Gourmets und Genießer, wenn es um süße Speisen geht. Was für die einen eine perfekte Mahlzeit erst abrundet, verwischt für die anderen die eben genossenen substantiellen Geschmacksnuancen und verkleistert und verklebt nur den Geschmack für künftige Genüsse. Angehörige des Sternzeichens Skorpion haben im allgemeinen eine etwas zurückhaltende Einstellung zum Thema »süß & verlockend«: Schokoladenspeisen und Schokoladeneis (am besten der bitteren Richtung) kommen an, ebenfalls nicht zu süßes Gebäck. Klebriges Zuckerzeug lassen Skorpione links liegen.

Gekocht, gebraten, roh?

Die Zubereitungsart

Das Sternzeichen Skorpion fällt durch seine extreme Haltung aus der Rolle: Entweder ißt er roh, was andere nur gesotten oder gebraten zu sich nehmen, oder er kocht und brät seine Lebensmittel so lange, bis sie keinen nennenswerten Nährstoffgehalt (außer ein paar Kalorien) mehr aufweisen. Der Skorpion muß sich zunächst zu gesteigerter Aufmerksamkeit durchringen, um nicht einfach alles halbwegs Eßbare - roh oder bereits zubereitet - zu verschlingen. Kritisch gesehen ist die bevorzugte Zubereitungsart für den Skorpion selbst jede x-beliebige oder anders gesagt: Es ist ihm schnurzpiepegal. Für seinen Körper wären frische, schonend zubereitete Lebensmittel und Rohkost wie Gemüse und Obst förderlich. Ganz falsch liegt er also auch mit seiner subjektiven Einschätzung nicht.

Die Gewürze

Sie sind die Zaubermittel in der Hand des Kochs, und der Umgang mit ihnen verrät viel über Wesen und Weltsicht eines Sternzeichens. Besonders die Dosis an Gewürzen, die der kochende Mensch seiner Speise verabreicht, sagt manches aus.
Im allgemeinen werden Angehörige des Sternzeichens Skorpion mit Pfeffer (auch Chilipfeffer), Paprika, Senf, Meerrettich und Knoblauch glücklich. Geschmacksstarke Kräuter wie Thymian, Basilikum, Lorbeer (auch als Kranz), Koriander oder Ingwer entsprechen ebenfalls ihrem Gaumen. Als Koch will der Skorpion häufig Speise und Gewürz zusammenzwingen. Das führt zu Diskrepanzen. Am besten kommen die Gewürzkreationen des Skorpion-Menschen weg, wenn er sie für Varianten der indischen oder burmesischen Küche erklärt.

Rezepte für das Sternzeichen Skorpion

Was Skorpione essen und trinken

Angehörige des Sternzeichens Skorpion hassen das Kochen und ernähren sich im Alltag meist aberwitzig: aus Konserven, mit billigen Fertigmenüs oder mit zufällig vorgefundenen Nahrungsmitteln. Ein typischer Skorpion-Imbiß: ein Kanten Brot, ein Stück Matjeshering und eine Banane. Oder die folgende »Mahlzeit«: eine kalte Dose Erbsensuppe mit Ketchup, dazu ein süßes Hörnchen (der Rest vom vorgestrigen Frühstück) und eine halbe Flasche abgestandener Rotwein (vom Vorabend). Sie wissen Bescheid? Im folgenden Zeilen Sie nachlesen, wie sich Skorpione besser ernähren sollten.

Das Skorpion-Frühstück

Es ist trivial: Die Kraft, die Skorpione für ihr leidenschaftlich-engagiertes, gefühlsstarkes Leben brauchen, beziehen sie aus ihrer Nahrung. Doch diese Binsenweisheit führt uns zu einer entscheidenden Erkenntnis: Wenn der Tag mit einem substanzarmen Frühstück beginnt, plumpst der Skorpion-Mensch am späten Vormittag in ein tiefes Energieloch und muß nachträglich »auftanken«. Das folgende Frühstück gibt hingegen »Power auf Dauer« und sichert so die volle körperliche und mentale Präsenz:

kräftiger Kaffee (am besten eine Mischung
mit reichlich »Robusta« Bohnen) oder
Friesentee mit Sahne und Kluntjes
eine deftige Brotauswahl
(Roggenschrot, Steinofenbrot,
westfälisches Pumpernickel,
Sauerländer Landbrot)
Rollenbutter gesalzen

aromatischer Schimmelkäse (z.B. Bavaria Blue,
Cambozola, Munster, mittelalter Gouda)
geräucherte Makrelen oder Sardinen in Öl
(wenn die Nacht mal sehr kurz war)
gebratener Speck mit Spiegelei
Obst- oder Kräuterquark
Apfelkraut, Grapefruitsaft

Warme Küche für das Zeichen Skorpion

Die Gleichgültigkeit, mit der viele Skorpion-Menschen ihrer eigenen Ernährung gegenüberstehen, ist erschreckend. Häufig kochen sie nicht warm, weil sie »Wichtigeres« zu tun haben oder den Regungungen und Bedürfnissen ihres eigenen Körpers nicht nachgeben, weil der Geist dominiert. Das folgende Gericht besitzt - neben der astrologischen Eignung der Zutaten - eine Eigenschaft, die es für Skorpione besonders geeignet erscheinen läßt: Man kann es am darauffolgenden Tag mühelos aufwärmen, und es schmeckt noch besser!

Rietberger Pfefferpotthast

Für vier Personen ✿ *Jürgen Schmieder*

Zutaten:

1 kg Rinderkamm (es darf ruhig etwas Fett daran sein, das macht das Potthast saftig)
1 Teel. Salz
500 g Zwiebeln
70 g Schmalz
1 l Fleischbrühe
3-4 Eßl. Speisestärke zum Binden
frischer Pfeffer aus der Mühle
in ein Tuch gewickelt und zugebunden als Gewürzbeutel:
- 10 Pfefferkörner
- 1 Lorbeerblatt
- 2 Nelken
- Abrieb einer Zitrone

Den Rinderkamm in mundgerechte Stücke schneiden, die Zwiebeln würfeln und das Fleisch im Schmalz in einem Bratentopf vier bis fünf Minuten anrösten. Dann die Zwiebeln zugeben, mit der Brühe auffüllen und den Gewürzbeutel hineinlegen. Nun aufkochen, salzen und bei geschlossenem Topf auf kleiner Flamme zwei bis drei Stunden köcheln lassen. Dabei zwischendurch umrühren und kontrollieren, ob die Flüssigkeit nicht verkocht ist; gegebenenfalls nachgießen. Wenn das Fleisch weich ist, die Stärke mit etwas kalter Brühe anrüh-

ren und in den kochenden Potthast gießen. Nun unter Rühren aufkochen und (nach Geschmack) nochmals kräftig mit Pfeffer aus der Mühle abschmecken. Dazu schmecken Gewürzgurken und frisches Doppelback-Graubrot. Eine besondere Variante, z.B. für eine Party: vom Bäcker aus Graubrot kleine runde Brotlaibe backen lassen, diese aushöhlen und das Potthast darin servieren.
Der Potthast ist ein Durstbeschleuniger: Also reichlich Getränke bereithalten!

Ein astrologisch ähnlich gut für den Skorpion taugliches Gericht, das sogar kalt (relativ gut) mundet und auch im Falle eines geselligen Anlasses etwas hermacht:

Zwiebelkuchen

Für vier Personen ✿ Jürgen Schmieder

Teig-Zutaten:
1/8 l lauwarme Milch
8 Eßl. Öl
250 g Mehl
20 g Hefe
1/2 Teel. Salz

Belag:
1,5 kg Zwiebeln
4 Eier
250 g saure Sahne
150 g durchwachsener Speck
Kümmel

Für den Teig die Hefe mit der lauwarmen Milch verrühren und auf das Mehl gießen. Nach kurzer Zeit bilden sich Blasen, dann alle anderen Zutaten zugeben und alles gut und lange zu einem glatten Teig verkneten. Das geht auch gut in der Küchenmaschine. Je intensiver der Teig geknetet wird, desto feinporiger wird der Kuchen. Nun an einem warmen Ort (Heizung, sonnige Fensterbank) zugedeckt so lange gehen lassen, bis der Teig ca. 1/3 seines Volumens zugelegt hat. Dann nochmals intensiv durchkneten. Der Teig ist nun gebrauchsfertig und kann auf ein Blech ausgerollt werden. Das Blech sollte einen hohen Rand haben, damit der Belag nicht herausläuft.

Für den Belag schneidet man den Speck und die Zwiebeln in Würfel. Diese röstet man in einer möglichst großen Pfanne oder Kasserolle goldgelb an. Dann auskühlen lassen, saure Sahne und die Eier unterrühren. Die Masse nun mit Salz, Pfeffer und Kümmel abschmecken und auf den ausgerollten Teig schütten. Den Kuchen bei 200°C 50-60 Minuten backen, bis die Oberfläche schön braun ist.
Zum Zwiebelkuchen gehört traditionell der »Federweiße«, ein ganz junger, noch nicht ganz ausgegorener Wein, der ab September für ein paar Wochen im Handel ist. Wir Hessen haben da unsere Apfelweinvariante »Rauscher«. In der restlichen Zeit des Jahres schmeckt dazu ein süffiges Altbier oder Schwarzbier.

Der festliche Anlaß - erlesenes Essen und ausgesuchte Getränke

Wenn ein Mensch des Sternzeichens Skorpion einen feierlichen Anlaß zu begehen hat, wird er mit Geschick und Organisationstalent dafür sorgen, daß alles stimmt. Selber kochen oder sich um die Auswahl der Speisen und Getränke kümmern wird er nur selten - meist gut für die Gäste. Die Menüauswahl wird also vom beauftragten Koch abhängig sein. Eine Speisenfolge, die auch den Menschen dieses Sternzeichens bekommt, könnte etwa die folgende sein:

Friedrichsdorfer Schneckensuppe

***

Roastbeef mit Pfeffersenfkruste

***

Ratatouille, Thymiankartoffeln

Friedrichsdorfer Schneckensuppe

Für vier Personen ⚘ Jürgen Schmieder

Suppen-Zutaten:

1 Dose (850 ml) Schnecken
2 Schalotten
80 g Karotten
80 g Lauch
80 g Sellerie
50 g Butter
1/2 l Brühe
1/4 l Sahne
1 cl Pernod
2 Eßl. Crème fraîche
Salz
Pfeffer
1 Eßl Speisestärke
50 g Mandelstifte

Die Schalotten in feine Würfel und das restliche Gemüse in feine Streifen (Streichholzgröße) schneiden. Die Schnecken abgießen und hacken, den Fond auffangen. Nun die Schalotten und die Gemüsestreifen in Butter glasig anschwitzen, die Schnecken zugeben und mit Fond, Sahne und Brühe aufgießen. Einmal aufkochen, würzen und sechs bis acht Minuten köcheln lassen. Die Stärke mit etwas kalter Brühe anrühren und in die Suppe einrühren. Nun nochmals kurz aufkochen, die Crème fraîche einrühren und mit Pernod abschmecken. Zum Garnieren mit den in einer Pfanne gerösteten Mandelstiften bestreuen.

Roastbeef mit Pfeffersenfkruste

Für vier Personen ✤ Jürgen Schmieder

Roastbeef-Zutaten:
1,2 kg Roastbeef ohne Knochen und Sehnen
100 g Pflanzenfett zum Braten
Salz
Pfeffer

Sauce:
1/2 l Fleischextrakt aus dem Glas
4 cl Rotwein
300 g Butter
1 Eßl. rosa Pfeffer

Kruste:
50 g Butter
8 Scheiben Toast ohne Rinde
4 Eßl. grober Senf
2 Eßl. rosa Pfefferkörner leicht zerdrückt
Salz

Das Roastbeef würzen und von jeder Seite zwei Minuten in einer Pfanne kräftig anbraten. Das Fett aus der Pfanne gießen und die Pfanne zur Seite stellen; der Bratensatz wird noch für die Sauce gebraucht. Das Roastbeef auf ein Backblech legen. Für die Kruste das Toastbrot zerreiben und mit den anderen Zutaten verkneten. Nun auf das Roastbeef streichen und im vorgeheizten Ofen bei 200°C backen. Den Garpunkt bestimmt man selbst am besten nach Geschmack: *english*, *medium* oder *durchgebraten*. Um ein Stück dieser Größe *medium* zu braten, läßt man es ca. 20 Minuten im Ofen und nochmals fünf bis acht Minuten am Herd ruhen.

So entspannt sich das Fleisch, wird zart und es tritt beim Anschneiden weniger Saft aus.
Für die Sauce den Bratensaft mit dem Rotwein loskochen und mit dem Fleischextrakt auffüllen. Nun auf 2/3 reduzieren und dann die eiskalte Butter in Stückchen nach und nach einrühren (das ergibt eine leichte Bindung). Die Sauce dann vorsichtig erwärmen, abschmecken und die Pfefferkörner zugeben.

Ratatouille, Thymiankartoffeln

Für vier Personen · *Jürgen Schmieder*

Zutaten Ratatouille:

1 Zwiebel
2 Knoblauchzehen
1 Zucchini
1 Aubergine
je 1/2 rote und gelbe Paprika
4 cl Olivenöl
70 g Tomatenmark
3-4 cl Brühe
Salz Pfeffer
Kräuter der Provence

Die Zwiebel und den Knoblauch in feine Würfel und das restliche Gemüse in mundgerechte Würfel schneiden. In einer großen Pfanne das Olivenöl erhitzen, erst die Ziebeln mit dem Knoblauch glasig anschwitzen und dann die restlichen Gemüse zugeben. Alles gut anbraten, dabei (wenn der Koch es kann! Vorsicht, Ungeübte haben viel Spaß beim Aufsammeln!) die Pfanne immer wieder schwenken oder mit einem Holzlöffel rühren. Dann das mit der Brühe angerührte Tomatenmark zugeben und untermengen. Würzen und noch einmal gut durchkochen.

Kartoffeln-Zutaten:

600 g kleine Kartoffeln (Bratlinge)

4 cl Olivenöl

Salz

Pfeffer

1 Bund frischer Thymian

Die Kartoffeln kochen und pellen. Olivenöl in einer großen Pfanne erhitzen und die Kartoffeln darin goldbraun braten. Würzen mit Salz, Pfeffer und dem gezupften Thymian.

Welche Getränke schmecken zu diesem Menü? Hier üben Mars und Pluto ihren Einfluß aus: Skorpion-Menschen bevorzugen kräftige Biersorten und gehaltvolle, aber nicht süße Weine (kräftige Rotweine).

Zu diesem Menü paßt ein kräftiger Rotwein aus dem Burgund oder Bordeaux (z.B. ein St. Emillion, Medoc).

Das Gesundheitsrezept

Wird ein Mensch des Sternzeichens Skorpion von gesundheitlichen Problemen geplagt, so liegt die Ursache hierfür seltener im Essen. Allgemein dürfte sich aber beim Skorpion mit der Zeit ein Mangel an Mineralstoffen und Vitaminen einstellen. Auch Ballaststoffe könnten fehlen - alles in allem bei der fragwürdigen Ernährungsweise dieses Sternzeichens kein Wunder. Vielleicht kann das folgende Gesundheitsrezept manchen Mangel ausgleichen helfen:

Rettichcarpacchio mit Tomatenmousse Gerstentörtchen

Jürgen Schmieder

<u>*Gerstentörtchen-Zutaten:*</u>

100 g Gerste

1 Schalotte

30 g Parmesan

2 Eier

40 g Panierbrot

1 Bund Schnittlauch

Pflanzenöl zum Braten

Die Gerste am Vortag einweichen. Dann in Salzwasser 20-30 Minuten garkochen, kalt abspülen und abtrocknen lassen. Die Schalotte in sehr feine Würfel schneiden, den Schnittlauch in feine Ringe. Alle Zutaten gut vermengen und - zu kleinen Pfannküchlein geformt - in der Pfanne von beiden Seiten goldbraun braten.

Tomatenmousse-Zutaten:

4 sehr reife Tomaten
1 Schalotte
1 Knoblauchzehe
150 g Butter
100 g Crème fraîche
4 cl Brühe
80 g Tomatenmark
4 Blatt Gelatine
150 g geschlagene Sahne
Salz
Pfeffer
Zucker
Basilikum

Die Schalotte und den Knoblauch hacken und in der Butter hellgelb anschwitzen. Dann die in Stükke geschnittene Tomate zufügen und mit Brühe und Crème fraîche auffüllen. Würzen und alles ca. 15 Minuten gut durchkochen. Tomatenmark zugeben und nochmals aufkochen. Dann pürieren und durch ein feines Sieb passieren.

Die Gelatine wird in kaltem Wasser eingeweicht und dann in die heiße Masse gerührt, so daß sie sich ganz auflöst. Die Mousse läßt man nun im Kühlschrank auskühlen, bis sie anfängt zu stocken. Dann die geschlagene Sahne unterheben und kaltstellen. Zum Anrichten mit einem Löffel Nocken abstechen oder mit einem Spritzbeutel aufspritzen.

Rettich:

1 Rettich
1 Bund Schnittlauch
Dressing: 2 cl Estragonessig
2 cl Brühe
4 cl Distelöl
1 Messerspitze Senf
Salz
Pfeffer

Den Rettich schälen und in hauchfeine Scheiben schneiden. Diese auf einem großen Teller flach nebeneinander auflegen. Dressingzutaten verrühren, die Rettichscheiben damit bestreichen und mit Schnittlauch bestreuen. Die ausgestochenen Tomatennocken auf das Carpacchio legen und mit einem frischen Basilikumblatt garnieren. Die Gerstentörtchen extra servieren.

Wenn Skorpione essen gehen

Besondere Aufmerksamkeit widmen Skorpione der Auswahl eines Lokals nicht. Einzig überfüllte Wirtshäuser sind ihnen zuwider. Ihre Vorliebe für Rätselhaftes läßt sie ohne Bedenken auch Kneipen besuchen, die Angehörige anderer Sternzeichen als miese Spelunken bezeichnen und nur mit einem Bodyguard oder Geleitschutz betreten würden. So etwas schreckt einen echten Skorpion nicht ab! Übel reagieren Skorpione hingegen auf andere Gegebenheiten: Sie hassen zu kleine Portionen ebenso wie übertrieben süße oder besonders milde Speisen (»Schonkost«). Schönen Lügen über die Qualität einer Speise würden sie niemals über die Lippen bringen; nein, sie äußern schonungslos und absolut ehrlich ihre Meinung; vermutlich sind sie deshalb als Gäste bei weniger guten Köchen entsprechend gefürchtet.

Das Ambiente

Es muß nicht immer das teure und luxuriöse Lokal oder die festlich gedeckte Tafel sein - oft liegt der Reiz im Kontrast: Ein Hamburger auf echtem Meißner Teller verblüfft ebenso wie ein Fünf-Gänge-Menü im Hinterhof. Auf solche Gag-Gastronomie sprechen Skorpione dann an, wenn sie sich in verborgene Zusammenhänge eingeweiht fühlen (»Ein Kultlokal! Da kommt nicht jeder rein!«).
Kultivierte Skorpione lieben bei Restaurants die individuelle Einrichtung. Eine Tischdekoration mit weißer Tischwäsche und individueller Eßplatzgestaltung (z.B. Platzkarten, unterschiedliches Geschirr oder besondere Blumengestecke für jeden Gast) bestärkt den Skorpion in seiner Individualität. Wert legen Skorpione auch auf gute Beleuchtung, denn sie wollen sehen, was sie essen. Schummerlicht als Stimmungselement lehnen sie ab. Ei-

nen Sinn entwickeln Skorpione für elegantes und modernes Geschirr und Besteck, edle geschliffene Gläser betrachten sie mit Freude, und in ihnen wird für den Skorpion auch ein mittelmäßiger Tropfen zum Genuß.

Zwischen wild und ungenießbar - wenn Skorpion-Köche kochen

Daß es so wenige Hobbyköche unter den Skorpionen gibt, hat eine Vielzahl von Gründen. Hier nur einige:

• Skorpione hassen das Kochen. Schließlich gibt es Bedeutenderes!

• Skorpione wollen den Lebensmitteln ihren Willen aufzwingen. Das mögen die nicht, und der arme Esser mag das entstehende Gericht nicht…

• Skorpione kochen mit Blick auf die Wirkung: Knoblauch hebt die Potenz? Also vierzehn Knollen hinein!
• Skorpione geben nichts auf die Meinung anderer - Hauptsache, es schmeckt ihnen. Und Skorpionen schmeckt ja, wie wir bereits wissen, vieles…

Sublime Cuisine

Das Rezept eines prominenten Skorpion-Kochs

Wenn ganz normale Menschen kochen, schmeckt es gut - oder auch nicht. Wenn einer der Meister seiner Zunft ein Gericht zubereitet oder ein Menü kreiert, wird Essen zum Erlebnis, zum sensitiven und intellektuellen Fest oder gar zur Erleuchtung. Für das Sternzeichen Skorpion kocht dankenswerterweise:

Franz Fuchs (*29.10.58) - er ist Küchenchef im Restaurant »Cheval-Blanc« (18 Punkte im Gault Millau) im Hotel Gregor, Augsburg und glaubt an die Kräfte der Astrologie. Sein Rezeptvorschlag für sein eigenes Sternzeichen:

Taube mit gefüllten Artischockenböden im Trüffeljus

Franz Fuchs

2 Tauben
4 gekochte Artischockenböden
200 g gekochte Gemüseperlen (Karotte, Sellerie, Zucchini)
2 Schalotten, fein gewürfelt
50 g Trüffel (eine Hälfte in dünnen Scheiben, die andere in feinen Würfeln)
4 cl Madeira
4 cl Trüffelsaft
0,5 l Taubenjus (ungewürzt)
Rosmarin
Thymian
Salz, Pfeffer
30 g Butter
Olivenöl
Butterschmalz

Die Tauben mit Salz, Pfeffer, Thymian und Rosmarin würzen, in Olivenöl und Butterschmalz von allen Seiten anbraten, auf den Rücken legen und bei 220°C ca. 12 bis 15 Minuten im Rohr braten (immer wieder übergießen).

Die Tauben auslösen und die Haut abziehen. Die Brüste warmstellen, das Keulenfleisch in Würfel schneiden. Die Knochen und die Haut grob hakken. Die Schalotten in der Pfanne anrösten, in der die Tauben gebraten wurden. Mit dem Madeira, Sherry und Trüffelsaft ablöschen, fast ganz einreduzieren lassen und dann mit dem Taubenjus auffüllen. Die Knochen zugeben, etwas Rosmarin und Thymian dazu und um die Hälfte einkochen lassen. Die Sauce durch ein Papiertuch abseihen.
Die Gemüseperlen in 10 g Butter angehen lassen und mit der Hälfte der Taubensauce auffüllen. Aufkochen lassen und zur Seite stellen. Das Keulenfleisch zugeben und abschmecken. Die Artischokkenböden in ihrem Kochfond erwärmen, gut abtropfen lassen und mit dem Gemüse-Taubenragout füllen. Zur restlichen Sauce die Trüffelwürfelchen und -scheiben geben, abschmecken und mit der

restlichen Butter abbinden. Die Taubenbrüste in dünne Tranchen schneiden, anrichten und mit der Sauce teilweise übergießen.

Die Nachspeise:

Charlotte vom Topfenpalatschinken mit Birnenspalten und Mohneis

Franz Fuchs

Crêpeteig:

80 g Mehl
2 Eier
20 g Zucker
100 g Milch
100 g Sahne
20 g flüssige Butter

zu einem glatten Teig verrühren, passieren und acht dünne Crêpes backen.

Mohneis:

250 g Sahne
250 g Crème double
7 Eigelb
70 g Backmohnmischung

Sahne und Creme double aufkochen, mit Eigelb zu einer Rose abziehen, kalt rühren, die Mohnmischung unterrühren und in der Eismaschine gefrieren lassen.

Füllmasse:

220 g Schichtkäse
1 Ei
30 g Zucker
20 g Vanillinzucker
20 g Cremepulver
10 g Kirschwasser
10 g Amaretto
etwas geriebene Zitronen- und Orangenschale
80 g geschlagene Sahne

Den Schichtkäse passieren und mit allen Zutaten verrühren, am Schluß die geschlagene Sahne unterheben.

Birnenspalten:

4 Birnen
0,3 l Wasser
0,3 l Rotwein
400 g Zucker
1 Vanilleschote längs halbiert

Die Birnen schälen und in gleichmäßige Spalten schneiden. Wasser, 200 g Zucker und die eine Hälfte der Vanilleschote aufkochen, die Hälfte der Birnenspalten hinzugeben und garen, im Zuckerwasser abkühlen lassen. Die restlichen Birnen in Rotwein, 200 g Zucker und mit der zweiten Hälfte der Vanilleschote garen.

Zubereitung der Charlotte: Sechs Crêpes dünn mit Johannisbeerkonfitüre einstreichen, danach dünn mit Füllmasse bestreichen und zu Rouladen rollen. Die Rouladen in dünne Scheiben schneiden und Charlotteförmchen damit auslegen. Mit der Füllmasse füllen und mit einem passend ausgestochenem Crêpe abdecken. Die Charlotte bei 160°C ca. 20 Minuten im Rohr backen. Etwas abkühlen lassen und dann stürzen. Guten Appetit!